MW01124306

Respuestas Bíblicas
a Preguntas Frecuentes

EL CIELO

adaptado de
El Cielo

RANDY ALCORN

Tyndale House Publishers, Inc., Carol Stream, Illinois

Visite la apasionante página de Tyndale en Internet: www.tyndale.com

TYNDALE y la pluma del logotipo son marcas registradas de Tyndale House Publishers, Inc.

El Cielo: Respuestas Bíblicas a Preguntas Frecuentes

Publicado anteriormente en inglés en el 2004 como *Heaven: Biblical Answers to Common Questions* by Tyndale House Publishers. ISBN-10: 1-4143-0191-X; ISBN-13: 978-1-4143-0191-4

ISBN-13: 978-1-4143-1492-1
ISBN-10: 1-4143-1492-2
Impreso en los Estados Unidos de América
Printed in the United States of America

13   12   11   10   09   08   07
                    7   6   5   4

Una vez menosprecié los temerosos
pensamientos sobre la muerte,
que no es sino el fin del pulso y
de la respiración,
pero ahora mis ojos han visto que
después del dolor,
existe un mundo esperando ser reclamado.
Creador de la Tierra, Santo, déjame
partir ahora,
porque vivir es un arte tan efímero.
Y el morir no es sino el vestirse para
encontrarse con Dios,
y nuestras tumbas son simples puertas
cavadas en la tierra.

Calvin Miller

INTRODUCCIÓN

Quizás se siente como que ha excedido su
capacidad, física o emocionalmente, y que
ha dejado atrás sus mejores oportunidades.
Quizás está sobrecargado, desanimado,
deprimido o quizás hasta traumatizado.
Quizás sus sueños sobre su matrimonio,
su carrera o sus ambiciones se han desmo-
ronado. Quizás se ha vuelto cínico o ha
perdido la esperanza.

Comprender la verdadera enseñanza cristiana acerca del Cielo (no las caricaturas
populares acerca del mismo) puede cambiar-
lo todo. Por eso es que escribí *El Cielo*, una
versión completa acerca del tema que trata
todas las preguntas que hacen las personas

respecto a este maravilloso asunto.[1] El propósito de este pequeño folleto es darle a usted sólo una pequeña muestra de la gloriosa verdad acerca del Cielo.

El pueblo de Dios en la antigüedad tenía una fuente de fortaleza y una perspectiva completamente desconocida para nosotros en la actualidad: El Cielo. Era su punto central de referencia; su Estrella del Norte, mediante la cual podían navegar sus vidas. Pero en la sociedad contemporánea, el Cielo ha salido de las pantallas de nuestros radares. Un pastor me confesó lo siguiente: "Cada vez que pienso en el Cielo, me siento deprimido. Preferiría simplemente dejar de existir cuando me muera."

"¿Por qué?", le pregunté.

"No puedo resistir el pensamiento de ese aburrimiento sin fin. Flotar por las nubes sin tener nada que hacer sino tocar un arpa. . . . Es algo tan aburrido. El Cielo no suena mucho mejor que el infierno. Yo preferiría

---

[1] Para mayor información respecto a *El Cielo* y otros recursos consulte: www.epm.org.

ser aniquilado antes de pasar una eternidad en un lugar como ese."

¿De dónde sacó este pastor, que creía en la Biblia y que había estudiado en un seminario, tal perspectiva del Cielo? Por cierto que no fue de las Escrituras, en las cuales Pablo dijo que partir y estar con Cristo era *mucho mejor* que permanecer en esta Tierra maldita por el pecado (Filipenses 1:23). Mi amigo fue más franco acerca de esto que la mayoría, pero sin embargo yo he encontrado que muchos creyentes comparten los mismos conceptos erróneos acerca del Cielo.

Nuestra perspectiva no bíblica de que el Cielo no será un lugar real, terrenal, nos ciega frente a lo que las Escrituras verdaderamente dicen. Pocas veces oímos descripciones que capturen lo que la Biblia describe como la Nueva Tierra, con una gran ciudad capital hecha con piedras preciosas; una Nueva Tierra que contiene árboles y ríos, y donde las personas resucitadas entran y salen por las puertas, involucradas en relaciones significativas y actividades productivas.

El teólogo británico J. C. Ryle dijo: "Le tengo lástima al hombre que nunca piensa en el cielo".[2] También podríamos decir, "Compadezco al hombre que nunca piensa *correctamente* acerca del Cielo." Creo que es nuestra forma de pensar incorrecta la que causa que pensemos tan poco acerca del Cielo.

Como usted podrá ver, el problema no es que la Biblia no nos dice mucho acerca del Cielo. Es que nosotros no prestamos atención a lo que nos dice.

---

2   J. C. Ryle, *Heaven [El Cielo]* (Ross-shire, Great Britain: Christian Focus Publications, 2000), 19.

¿El Cielo Presente y el Cielo Futuro?

Lo que normalmente pensamos cuando oímos la palabra *Cielo* es lo que los teólogos llaman el Cielo *Presente*. Para los cristianos, es el lugar al que vamos cuando morimos. Es el lugar en el que viviremos hasta nuestra resurrección física.

Nuestros seres queridos cristianos que han fallecido están ahora en este Cielo presente. (No es el mismo lugar que el purgatorio, que no es un concepto bíblico. La Biblia nos enseña que Cristo pagó el precio completo para nuestra expiación y por tanto nada más podemos hacer nosotros.)

El Cielo al que iremos cuando muramos es un lugar sin sufrimiento, pero no es el lugar en que viviremos para siempre. Nuestro hogar eterno, donde Dios vendrá a morar con su pueblo, se llama la Nueva Tierra. (Apocalipsis 21:1).

En la culminación de la historia de la humanidad, se nos dice respecto a la Nueva Tierra que, ". . . entre los seres humanos está la morada de Dios! Él acampará en medio de ellos, y ellos serán su pueblo; Dios mismo estará con ellos y será su Dios." (Apocalipsis 21:3). Ya que el Cielo es por definición el lugar en el que mora Dios, el hecho de que vendrá a morar con nosotros en la Nueva Tierra la convertirá en sinónimo del Cielo.

A menudo pensamos en ir al Cielo como el dejar nuestro lugar hacia un reino angelical para vivir con Dios en su morada. La Biblia dice que en el Cielo final, Dios bajará de su lugar para vivir con nosotros en nuestro lugar, la Nueva Tierra.

Emanuel, uno de los nombres de Cristo, no significa "nosotros con Dios"; significa "Dios con nosotros." ¿Adónde estará con nosotros? En la Nueva Tierra.

Hemos escuchado que se dice "Este

mundo no es nuestro hogar." Eso es verdad, pero es una verdad a medias. Deberíamos precisarla diciendo: "Este mundo, la tierra como lo es ahora, bajo la Maldición, no es nuestro hogar." Pero también deberíamos decir "Este mundo, la tierra como lo fue alguna vez, antes del pecado y de la maldición, fue nuestro hogar." Y deberíamos añadir, "Este mundo, la tierra como será algún día, liberada del pecado y de la maldición, será nuestro hogar."

En el Cielo Presente estaremos con Cristo y estaremos gozosos, pero no será nuestro hogar permanente. Estaremos esperando nuestra resurrección física y nuestra reubicación en la Nueva Tierra. (Nuestros seres queridos no irán a la Nueva Tierra antes de que lleguemos. Iremos juntos a colonizar la Nueva Tierra.)

La idea de que tendremos un estado incorpóreo proviene del Platonismo y del misticismo oriental, pero no del Cristianismo. La Escritura dice que hay una resurrección, pero si no la hubiera, seríamos los

más desdichados de todos los mortales.
(1 Corintios 15:17-19).

Se nos dice que en la Nueva Tierra "Ya no habrá maldición. El trono de Dios y del Cordero estará en la ciudad. Sus siervos lo adorarán" (Apocalipsis 22:3). Dios es el gobernante soberano y todos los dioses falsos caerán. Satanás será destronado para toda la eternidad. Las personas que rechacen a Dios serán destronadas eternamente. Dios ocupará el trono permanentemente. La oración de Dios, orada millones de veces a través de los siglos, será respondida en forma dramática: "Venga tu reino, hágase tu voluntad en la tierra como en el cielo" (Mateo 6:10).

Los seres humanos justos, quienes al principio Dios había entronado para reinar sobre la tierra desde el Edén, luego destronados por su propio pecado y por Satanás, van a ser puestos otra vez en el trono con Dios para siempre. "Y reinarán por los siglos de los siglos" (Apocalipsis 22:5). El pueblo de Dios reinará con Él en la tierra, no sólo por mil años, sino por siempre. Así como el ángel le dijo a Daniel, al hablar de un reino terrenal que reemplazará los reinos actuales de la tierra, "los santos del Altísimo recibirán el reino, y será suyo para siempre, ¡para siempre jamás!" (Daniel 7:18). Cristo será el soberano absoluto y sin rival del universo, y después entregará a su Padre el reino que ha ganado (1 Corintios 15:28). Los seres humanos redimidos serán los gobernadores delegados y sin rival de la Nueva Tierra. Dios y la humanidad van a vivir juntos en felicidad eterna, profundizando sus relaciones para siempre, a medida que la gloria de Dios penetra en cada aspecto de la nueva creación.

Por lo tanto, de acuerdo con la Biblia, el pueblo de Dios reinará sobre un universo resucitado, centrado en una Tierra resucitada, con una Jerusalén resucitada como su ciudad capital. Lea cuidadosamente Apocalipsis 21-22 y muchos otros pasajes y descubrirá que comeremos, beberemos, trabajaremos, adoraremos, aprenderemos, viajaremos y experimentaremos muchas de las cosas que hacemos ahora.

Hay referencias a "naciones" en la Nueva Tierra que sugieren que las civilizaciones resucitarán, incluyendo las culturas de la humanidad con rasgos étnicos distintivos (Apocalipsis 21:24, 26). En el centro de la ciudad estará el árbol de la vida, tan físico como era en el Edén, y comeremos una gran variedad de frutas (Apocalipsis 22:1-2). Un gran río fluirá por la ciudad. Tanto la naturaleza como la cultura humana serán parte de la Nueva Tierra.

Dios eligió no sólo hacer que los humanos físicos vivieran en una Tierra física, sino que eligió convertirse en hombre en esa misma Tierra. Hizo esto para redimir a la humanidad y a la tierra, y para disfrutar para siempre de la compañía de los seres humanos en un mundo creado para ellos, un mundo llamado la Tierra Nueva (Isaías 65:17; 66:22). Ese mundo es el que debemos esperar (2 Pedro 3:13).

¿Será el Cielo (la Nueva Tierra) un Lugar Real?

Jesús les dijo a sus discípulos: ". . . vendré para llevármelos conmigo. Así ustedes estarán donde yo esté" (Juan 14:3). Él usa términos comunes, terrenales, que indican espacio para describir el Cielo. La palabra *donde* se refiere a un lugar, a una localidad. De igual modo, la frase *vendré para llevármelos* indica movimiento y un destino físico.

Si el Cielo no es un lugar, en el sentido pleno de la palabra, ¿habría dicho Jesús que lo era? Si reducimos al Cielo a algo menos de lo que es, despojamos de significado a las palabras de Jesús.

No deseamos algo que no sea un cuerpo, que no sea la Tierra o que no sea la cultura, sino un nuevo cuerpo, una Nueva Tierra y una nueva cultura sin pecado ni muerte. Todo esto es parte del anhelo por la resurrección de los muertos, que es el corazón y el alma de la fe cristiana (1 Corintios 15).

Jesús le dijo a sus discípulos, "En la renovación de todas las cosas, cuando el Hijo del hombre se siente en su trono glorioso, ustedes que me han seguido se sentarán también en doce tronos para gobernar a las doce tribus de Israel" (Mateo 19:28).

Él podría haber dicho "en la destrucción de todas las cosas", pero en cambio dijo "renovación". "Todas las cosas" significa que esta tierra presente está llena de sugerencias sobre lo que será la Nueva Tierra. ¡Lo que desaparecerá no son la Tierra y nuestros cuerpos, sino el pecado, la muerte y la maldición!

Pedro predicó, [Cristo] permanecerá "en el cielo hasta que llegue el tiempo de la restauración de todas las cosas, como Dios lo ha anunciado desde hace siglos por medio de sus santos profetas" (Hechos 3:21).

Ver versión completa del libro *El Cielo*.

¿Cómo Será El Cielo?

La Biblia nos da muchas imágenes llenas de alusiones e inferencias en cuanto al Cielo. Póngalas juntas y las piezas de ese rompecabezas forman un cuadro hermoso. Por ejemplo, se nos dice que el Cielo es una ciudad (Hebreos 11:10; 13:14). Cuando escuchamos la palabra *ciudad*, no deberíamos rascarnos la cabeza y pensar: "Me pregunto lo que significa eso". Nosotros entendemos las ciudades. Las ciudades tienen gente, edificios, actividades, cultura, arte, música, atletismo, eventos de toda clase y mercaderías y servicios.

También se describe el Cielo como un país, una patria (Hebreos 11:16). Sabemos acerca de países. Si también sabemos cómo es la Tierra, y por tanto sabemos mucho de cómo será la Nueva Tierra. Si no nos podemos imaginar a nuestra Tierra presente sin ríos, montañas, árboles y flores, entonces, ¿por qué trataríamos de imaginar a la Nueva Tierra sin esas características?

Si la palabra *Tierra* en esta frase significa algo, significa que podemos esperar encontrar cosas terrenales allí —incluyendo atmósfera, montañas, agua, árboles, gente, casas— aun ciudades, edificios y calles. (Estas características familiares se mencionan específicamente en Apocalipsis 21–22.)

Así como un automóvil nuevo es una versión mejor del viejo, pero con todos los mismos componentes esenciales: cuatro ruedas, motor, transmisión, timón, etc.; así también la Nueva Tierra será una versión mucho mejor de la Tierra antigua, pero con los mismos componentes físicos esenciales.

La Nueva Tierra será el lugar de morada de Dios, pero también estará modelada por Dios para que viva allí la gente resucitada. Amaremos nuestro hogar eterno y amaremos estar con Jesús y su familia, que será *nuestra* familia para siempre.

¿Qué Aspecto Tendremos en el Cielo?

Jesús tenía un cuerpo físico resucitado que le permitía caminar, hablar y comer (Juan 21:1-14; Lucas 24:36-43). Se nos ha dicho que nuestros cuerpos serán como el de Él (1 Corintios 15:20, 48-49; Filipenses 3:21; 1 Juan 3:2).

Después de su resurrección, Jesús invitó a los discípulos a tocarlo y dijo, "Miren mis manos y mis pies. ¡Soy yo mismo! Tóquenme y vean; un espíritu no tiene carne ni huesos, como ven que los tengo yo" (Lucas 24:39).

La resurrección física del cuerpo de Cristo es el modelo de nuestros cuerpos resucitados en la Tierra resucitada. Después de nuestra resurrección no seremos fantasmas. Seremos seres humanos físicos. Mucha gente cree que viviremos mil años en la vieja Tierra (Apocalipsis 20:17); pero hasta aquellos que están en desacuerdo sobre si el Milenio debe ser entendido literalmente, están de acuerdo que viviremos para siempre, después de la rebelión final y el juicio, en cuerpos resucitados en la Nueva Tierra (Apocalipsis 21-22).

Cuando Dios habla de que nosotros tendremos "cuerpos nuevos" ¿nos encogemos de hombros y decimos: "No puedo imaginarme cómo será un cuerpo nuevo"? Por supuesto que no. Sabemos lo que es un cuerpo —¡hemos tenido cuerpo durante toda nuestra vida! (Y podemos recordar cuando el nuestro se veía mejor.) Podemos imaginar un cuerpo nuevo, sin dolor ni debilidad. No hemos pasado la mejor etapa; resucitaremos a una nueva vida y a un nuevo cuerpo en una nueva Tierra, todo más allá de lo que podríamos haber soñado.

En nuestros cuerpos resucitados seremos tan físicos como lo somos ahora. Después de que la Nueva Tierra sea establecida y hayamos sido reubicados allí seremos físicos para siempre pero no estaremos propensos al pecado, la muerte, el sufrimiento ni la maldición (Apocalipsis 21:4).

Cristo es un carpintero. Los carpinteros no sólo crean cosas; también arreglan cosas que necesitan reparación. ¿Necesitan arreglo nuestros cuerpos, nuestras mentes y nuestras actitudes? Él nos va a reparar. Él va a reparar al universo mismo.

No sobreestime el plan de Dios y el trabajo de redención de Cristo. Él nos creó, creó nuestros cuerpos y la tierra. Y todavía no se ha dado por vencido con nosotros, nuestros cuerpos o la tierra. Él se ha comprometido a repararlos . . . permanentemente.

¿Qué Haremos Durante Toda la Eternidad?

En la muerte, el espíritu humano deja el cuerpo (Eclesiastés 12:7). Vamos al Cielo o al infierno (Lucas 16:22-31). Como se demuestra en la historia del hombre rico y Lázaro, y reafirmada por Cristo cuando le dice al ladrón que estarán con Él en el paraíso "hoy" (Lucas 23:43), hay una existencia consciente inmediata después de la muerte, tanto en el Cielo como en el infierno (2 Corintios 5:8; Apocalipsis 6:9-11; Filipenses 1:23).

Tanto en el Cielo Presente como en la Nueva Tierra encontraremos nuestro mayor placer en Dios. Lo adoraremos y le agradeceremos al verlo revelarse en las maravillas de la creación, incluyendo a las otras criaturas.

Más aún, a pesar de lo increíble que pueda parecer, Dios ha decidido que nosotros, realmente, ¡vamos a ayudarlo a gobernar el universo! (Lucas 19:11-27) Él nos dará mentes y cuerpos renovados de manera que seremos personas sanas, llenas de energía y visión, ansiosas de emprender nuevos proyectos para la gloria de Dios y para nuestro desarrollo.

Reinaremos con Cristo sobre la Nueva Tierra donde ejercitaremos el liderazgo y la autoridad, y tomaremos decisiones importantes. Esto implica que nuestros líderes nos darán responsabilidades específicas y que nosotros delegaremos responsabilidades específicas a los que se encuentren bajo nuestro liderazgo (Lucas 19:17-19). Estableceremos metas, trazaremos planes y compartiremos ideas. Nuestros mejores días de trabajo en la Tierra actual —esos días en que todo sale mejor de lo que planeamos, cuando todo lo hacemos a tiempo, y cuando todos en el grupo trabajan unidos y disfrutan la compañía del otro— son sólo un pequeño anticipo del gozo que nos traerá nuestro trabajo en el Cielo.

¿Cómo Será Nuestra Relación con Dios?

El pensamiento de ver a Dios es impresionante y casi ofensivo para cualquiera que comprenda la enseñanza del Antiguo Testamento sobre la trascendencia e inaccesibilidad de Dios (Éxodo 33:18-23). Ver la cara de Dios, como los pecadores que somos, es impensable.

Sin embargo, en Apocalipsis 22:4 se dice del pueblo de Dios resucitado en la Nueva Tierra: "Lo verán cara a cara." Esto significa que algo radical debe habernos sucedido para ese entonces. Es sólo porque seremos completamente justos en Cristo, parados en nuestros cuerpos resucitados, completamente sin pecado, que podremos ver a Dios y vivir. Ver a Dios será nuestro gozo mayor. ¡No sólo veremos su rostro y viviremos, sino que probablemente nos preguntaremos si hemos vivido antes de ver su rostro!

Los teólogos de la antigüedad hablaban de la "visión beatífica", que significaba "una vista que hace feliz". La vista de que hablaban era la de Dios mismo.

El Dios que vive en una luz inalcanzable se volvió accesible en la persona de Jesús (Juan 1:14). Las personas podían mirar a Jesús y ver a Dios pero Apocalipsis 22:4 parece hablar de que realmente podremos ver el rostro de Dios el Padre.

Para ver el rostro de Dios debemos ser justos en Cristo, sin la mancha del pecado, en la gloria de nuestros cuerpos resucitados. "Dichosos los de corazón limpio, porque ellos verán a Dios" (Mateo 5:8).

Ver a los ojos de Dios será poder ver lo que siempre hemos anhelado ver: la persona que nos hizo y para la cual fuimos creados. Y lo veremos en el lugar que creó para nosotros y para el cual fuimos hechos. Ver a Dios será como ver todo lo demás por primera vez. Descubriremos que ver a Dios es nuestro más grande gozo y la vida misma. Cualquier otro gozo del Cielo será derivativo, fluyendo de la fuente de nuestra relación con Dios.

Contemplando y conociendo a Dios nos veremos a nosotros mismos, y a todas las otras personas y eventos, a través de los ojos de Dios. Pasaremos la eternidad adorando, explorando y sirviendo a nuestro gran Dios. Veremos su belleza que nos quitará el aliento en todo y en todos a nuestro alrededor.

¿Será Aburrido el Cielo?

Si se imagina el Cielo eterno como un estado
incorpóreo, usted tiene razones para temer el
aburrimiento, porque Dios no nos creó para
tal mundo. Pero cuando usted comprenda
el significado de la resurrección de nuestro
cuerpo y del nuevo universo, todo pensamiento de aburrimiento desaparecerá.

La Nueva Tierra será un lugar en el que
los impulsos de venir a casa *y* lanzarse a
una nueva aventura, *ambos*, serán plena-
mente satisfechos. Será un lugar donde
constantemente haremos descubrimientos
—donde todo es siempre fresco y la pose-
sión de una cosa será tan buena como el
tratar de conseguirla. Sin embargo, es el
lugar en que nos sentiremos completamente en casa — donde todo es como debe

ser y en el que encontraremos, sin disminución, ese misterioso algo que nunca encontramos completo en esta vida.

No seguiremos estando nostálgicos por el Edén. Por fin experimentaremos todo lo que Dios ha preparado para nosotros; debido a que los gozos del Cielo se desbordarán de las múltiples facetas de las maravillas de Dios, el Cielo será interminablemente fascinante, tal como Dios es infinitamente fascinante.

¿Nos cansaremos alguna vez de alabar a Dios? Agustín dijo: "No nos cansaremos por las alabanzas a Dios ni por su amor. Si tu amor fallara, también lo haría tu alabanza; pero si el amor resulta eterno, debido a que la belleza de Dios será inextinguible, no temas que te vaya a faltar fuerza alguna vez para alabarlo a Él, de quien siempre tendrás el poder para amar."

¿Habrá Animales en la Nueva Tierra?

He incluido dos capítulos completos sobre este fascinante tema en el libro *El Cielo*, pero trataré de resumir aquí los puntos principales.

Los animales fueron parte del diseño original perfecto para la Tierra y la humanidad. "Dios hizo los animales domésticos, los animales salvajes, y todos los reptiles, según su especie. Y Dios consideró que esto era bueno" (Génesis 1:25).

Debido a que los animales fueron una parte importante de la vida en la primera Tierra y que la Biblia evidencia que Dios restaurará la Tierra así como a la humanidad, es razonable suponer que los animales serán parte de la Nueva Tierra. (¿Por qué no lo serían?)

Se nos ha dicho que los animales, junto con toda la creación, anhelan la liberación que será suya al momento de la redención de nuestros cuerpos, en la resurrección (Romanos 8:29, 23). Esperan y la anhelan porque *ellos serán parte de ella.*

Al igual que toda la creación, incluyendo animales, plantas y la naturaleza misma, cayó a la sombra de la humanidad, así también toda la creación se levantará de nuestras sombras como beneficiaria de la obra redentora de Cristo.

En Isaías 11, 60 y 65 se describen animales en la Nueva Tierra. (Por razones que explico en el libro, la aplicación de estos pasajes no puede ser restringida solamente al reino del milenio.) El plan de Dios para una Tierra restaurada después del Diluvio—el juicio por agua—resaltaba la presencia de animales. ¿No deberíamos esperar que su plan para una Tierra restaurada después del futuro juicio de fuego también incluya a los animales? El rescate de la humanidad y los animales en el arca es una representación de la resurrección en la que la gente y los animales son rescatados para vivir en la Nueva Tierra. Ya que, de acuerdo con Romanos 8, son aquellos que están sufriendo y gimiendo actualmente los que serán liberados, es probable que algunos de esos mismos animales en la Tierra presente sean restaurados para vivir en la Nueva Tierra.

Debido a que la Nueva Tierra será *terrenal*, no deberíamos sorprendernos al darnos cuenta de que tendrá animales. Igual que todas las otras creaciones de Dios, ellos declararán sus atributos y encontraremos gozo en Dios hallando gozo en ellos.

¿Tendremos Nuestros Propios Hogares en el Cielo?

Jesús dijo, "En el hogar de mi Padre hay muchas viviendas. . . . Voy a prepararles un lugar." (Juan 14:2). *Lugar* es singular, pero *viviendas* es plural. Esto sugiere que lo que Jesús tiene en mente para cada uno de nosotros es una vivienda individual que es una pequeña parte de un lugar más grande.

La palabra *vivienda* (o cuarto) es acogedora e íntima. La palabra *casa* o *morada* sugiere un espacio grande. Eso es el Cielo: Un lugar a la vez espacioso e íntimo. A algunos de nosotros nos agradan las cosas acogedoras, estar en un lugar privado. Otros disfrutan un lugar grande, amplio. A la mayoría nos gustan ambos —y la Nueva Tierra ofrecerá ambos.

No es probable que en el Cielo haya

muchas residencias idénticas. A Dios le encanta la diversidad. Cuando veamos el lugar particular que ha preparado para nosotros —no para la humanidad en general sino para nosotros en particular— nos regocijaremos. Nos daremos cuenta que es verdaderamente nuestra casa ideal, hecha a la medida para nosotros.

Después de hablar del deseo del siervo astuto de usar sus recursos terrenales para asegurarse de que "haya gente que me reciba en su casa" (Lucas 16:4), Jesús les dijo a sus seguidores que usaran sus recursos mundanos para ganar amigos haciendo una diferencia en las vidas de ellos en la Tierra. ¿La razón? "A fin de que cuando esta se acabe [la vida en la Tierra], haya quienes los reciban a ustedes en las viviendas eternas" (v. 9).

Nuestros "amigos" en el Cielo parecen ser aquellos cuyas vidas hemos tocado en la Tierra y que ahora tienen sus propias "viviendas eternas". Lucas 16:9 parece decir que estas "viviendas eternas" serán lugares en los cuales estaremos y disfrutaremos de la compañía de nuestros amigos.

Debido a que mucha gente no comprende que el Cielo final será la Nueva Tierra, nunca se les ocurre tomar este pasaje literalmente. Creen que las "viviendas eternas" son una referencia general al Cielo. ¡Pero seguramente Cristo no está diciendo que entraremos al Cielo porque hemos usado nuestro dinero con sabiduría! En la parábola, las "viviendas eternas" son el equivalente del Cielo a los hogares privados en los cuales el siervo astuto podría quedarse en la Tierra. Ya que Jesús nos prometió una casa y viviendas (o cuartos) y lugares, y sabemos que tendremos cuerpos en una Nueva Tierra física, ¿por qué no deberíamos tomar su promesa literalmente?

¿Qué es lo que No Habrá en el Cielo?

No habrá muerte ni sufrimiento. No habrá funerarias, clínicas para abortos ni salas psiquiátricas. No habrá violaciones, niños perdidos ni centros de rehabilitación para drogadictos. No habrá intolerancia, ni atracos, ni asesinatos. No habrá preocupaciones, ni depresión, ni especulaciones económicas. No habrá guerras ni desempleo. No habrá angustia por fracasos o malentendidos. No habrá estafadores. No habrá cerraduras. No habrá muerte. No habrá duelo. No habrá dolor. No habrá aburrimiento.

No habrá artritis, ni discapacidad, ni cáncer, ni impuestos, ni facturas, ni se colgarán los computadores. No habrá mala hierba, ni bombas, ni alcoholismo, ni atracones de tráfico, ni accidentes, no habrá fosas sépticas de respaldo. No habrá enfermedades mentales. No habrá mensajes electrónicos no deseados.

Habrá amistades cercanas pero no pandillas; risa pero no menosprecio. Intimidad, pero no tentación a la inmoralidad. No habrá planes ocultos, ni tratos por debajo de la mesa, ni traiciones.

Imagínese la hora de las comidas llena de historias, risas y gozo, sin temor, insensibilidad, comportamiento inadecuado, ira, chismorreo, lujuria, celos, sentimientos heridos, ni algo que opaque el gozo. Así será el Cielo.

No habrá iglesias ni templos en el nuevo universo; no porque estén mal, sino porque no serán necesarias. No necesitaremos que nos *arrastren* a la presencia de Dios. Viviremos allí, constantemente y conscientemente. Le agradeceremos profundamente a Dios y lo adoraremos y alabaremos todos juntos, ya sea que estemos trabajando en un jardín, cantando, montando bicicleta, o tomando café (no hay razón para pensar que no habrá árboles de café en la Nueva Tierra).

Jesús dijo "Dichosos ustedes que ahora

pasan hambre, porque serán saciados. Dichosos ustedes que ahora lloran, porque luego habrán de reír. Dichosos ustedes cuando los odien, cuando los discriminen, los insulten y los desprestigien. . . . Alégrense en aquel día y salten de gozo, pues miren que les espera una gran recompensa en el cielo" (Lucas 6:21-23).

Nadie tendrá hambre y todos serán satisfechos. Nadie llorará, todos reirán. Esa es la promesa de Jesús. Cuente con ella.

¿Será que el Tiempo no Existirá Más en el Cielo?

Viviremos eternamente como seres finitos. Dios, quien es infinito, puede acomodarse a nosotros entrando en el tiempo, pero nosotros no podemos acomodarnos a la ausencia del tiempo porque esa es una condición del infinito.

La frase "ya no existirá el tiempo" viene de un himno, no de la Biblia. Apocalipsis 8:1 dice que "hubo silencio en el cielo como por media hora". Hasta la presencia de la música en el cielo requiere tiempo, porque el compás, el ritmo y la pausa son todos componentes esenciales de la música, y cada uno se relaciona con el tiempo. (Qué sería de un medio tono o un cuarto de tono sin el tiempo?) Las canciones, como las conversaciones, tienen un comienzo, un momento intermedio y un final.

Algunas personas señalan a 2 Pedro 3:8 como evidencia de que el tiempo está suspendido en el Cielo. Pero ese verso se refiere a Dios, no a la humanidad. Cuando dice, "Para el Señor un día es como mil años, y mil años como un día", está hablando de la infinidad de Dios. Él existe fuera del tiempo y del espacio, pero nosotros no. Él nos creó para vivir en tiempo y espacio, como criaturas finitas. El Cielo claramente entra en la secuencia del tiempo en la Tierra, inclusive los habitantes del Cielo siguen la pista de los eventos en el tiempo, tanto que se regocijan en el momento en que un pecador en la Tierra se arrepiente (Lucas 15:7). A los mártires en el Cielo se les dijo "que esperaran un poco más" cuando preguntaron "hasta cuándo" debían esperar (Apocalipsis 6:10-11). Esperar implica el paso del tiempo.

¿Sabremos Todas las Cosas Cuando Vayamos al Cielo?

Sólo Dios es omnisciente.

Dios ve clara y totalmente. En el Cielo nosotros veremos con mucha más claridad (1 Corintios 13:12) pero nunca veremos totalmente. Sabremos mucho más de lo que sabemos ahora, pero nunca sabremos todo porque nunca seremos Dios.

En el Cielo seremos perfectos, pero no saber todo no es una imperfección. Es parte de ser finitos. Los ángeles justos no saben todas las cosas, y anhelan saber más (1 Pedro 1:12). No tienen fallas pero son finitos. ¿No deberíamos esperar desear mayor conocimiento tal como lo hacen los ángeles?

Pasaremos la eternidad obteniendo el mayor conocimiento que buscaremos.

Dios nos coloca en las regiones celestiales "para mostrar en los tiempos venideros la incomparable riqueza de su gracia" (Efesios 2:6-7). Esto significa que Dios se revelará a sí mismo ante nosotros a lo largo de la eternidad.

Eso parece indicar claramente que aprenderemos en el cielo. Cuando entremos al Cielo probablemente comenzaremos con el conocimiento que teníamos al momento de nuestra muerte. (Después de todo, daremos un recuento de nuestra vida lo cual requiere conocimiento.) Dios podrá corregir y realzar nuestro conocimiento. Imagino que Él nos revelará nuevas cosas y nos pondrá en un curso de continuo aprendizaje. Una vez que estemos en cuerpos de resurrección con cerebros resucitados, nuestra capacidad de aprendizaje debería aumentar grandemente.

Jesús les dijo a sus discípulos: "Aprendan de mí" (Mateo 11:29).

¿Recordaremos lo que Sucedió en la Tierra?

Después de la muerte, los mártires que se describen en Apocalipsis 6:9-11 claramente recuerdan por lo menos algo de lo que sucedió en la Tierra, incluyendo que soportaron gran sufrimiento. Si recuerdan eso, ¿Qué sería lo que *no* recordarían? No hay razón para asumir que en el Cielo olvidaremos nuestras vidas en la Tierra. De hecho, probablemente recordaremos mucho más de lo que lo hacemos aquí y probablemente seremos capaces de ver cómo Dios y los ángeles intervinieron en nuestro beneficio aún cuando no nos diéramos cuenta.

En el Cielo, aquellos que soportaron cosas malas en la Tierra recibirán consuelo por ellas (Lucas 16:25). Este consuelo implica el recordar de lo que sucedió. Si no recordáramos las cosas malas, ¿por qué habría la necesidad, o cuál sería el propósito del consuelo?

Después de la muerte rendiremos cuenta de nuestras vidas en la Tierra, hasta de acciones y palabras específicas (2 Corintios 5:10; Mateo 12:36). Dado que tendremos mentes mejores y manera de pensar más clara, nuestra memoria debería ser más aguda —y no menos— en lo referente a nuestra vida en la Tierra. Por cierto que debemos recordar las cosas por las cuales tendremos que rendir cuentas. Debido a que seremos responsables por más de lo que recordamos actualmente, presumiblemente nuestra memoria va a ser mucho mejor.

El Cielo nos limpia pero no revisa ni extingue nuestro origen ni nuestra historia. Indudablemente recordaremos las obras de gracia de Dios en nuestra vida, consolándonos, reafirmándonos, sosteniéndonos y dándonos la fuerza para vivir para Él. En la Nueva Tierra la historia de la humanidad se recordará ya que habrá monumentos conmemorativos de las doce tribus y de los apóstoles (Apocalipsis 21:12-14). Las marcas de los clavos de las manos y los pies de Cristo en su cuerpo eterno y resucitado (Juan 20:24-29), prueban que su sufrimiento y redención, y el hecho de que se necesitaban por nuestros pecados, no serán olvidadas.

¿Puede la Gente que Está en el Cielo Presente Ver lo que Está Sucediendo en la Tierra?

La respuesta es *sí*, por lo menos hasta cierto punto. Después de estar en el Cielo, los mártires gritaban, "¡Hasta cuándo, Soberano Señor, santo y veraz, seguirás sin juzgar a los habitantes de la tierra y sin vengar nuestra muerte? (Apocalipsis 6:9-11).

Claramente, estas personas en el Cielo no sólo recuerdan lo que les sucedió en la Tierra, sino que también saben que Dios todavía no ha juzgado a sus perseguidores. Ellos saben algo de lo que ha sucedido, y de lo que no ha sucedido, en la Tierra desde su muerte. ¿No sugiere esto que pueden ver los acontecimientos en la Tierra?

Cuando cayó Babilonia, un ángel señala los acontecimientos que suceden en la

Tierra y dice: "¡Alégrate, oh cielo, por lo que le ha sucedido! ¡Alégrense también ustedes, santos, apóstoles y profetas!, porque Dios, al juzgarla, les ha hecho justicia a ustedes" (Apocalipsis 18:20). El hecho de que el ángel se dirige específicamente a la gente que vive en el Cielo indica que están conscientes de lo que está sucediendo en la Tierra.

Cuando los santos en el Cielo regresan con Cristo para establecer su reino milenario (Apocalipsis 19:11-14), parece inconcebible imaginar que hubieran permanecido desconocedores de la culminación de la historia humana que estaba teniendo lugar en la Tierra. Los que están en la Tierra pueden no saber lo que sucede en el Cielo, pero los que están en el Cielo *no* ignoran lo que pasa en la Tierra. Desde luego, en el estado eternal no sólo veremos lo que está ocurriendo en la Tierra, sino que ¡*Viviremos* nuestra vida diaria en la Nueva Tierra!

¿Cómo Puede Ser Cielo sí la Gente Está Consciente de lo Malo que Sucede en la Tierra?

Muchos libros sobre el Cielo afirman que los que están en el Cielo no pueden estar conscientes de la gente y los eventos en la Tierra porque serían desdichados por todo el sufrimiento y el mal; por lo tanto, el Cielo no sería realmente Cielo.

Yo creo que este argumento no es válido. Después de todo, Dios sabe exactamente lo que está sucediendo en la Tierra y sin embargo eso no hace que el Cielo sea menos para Él. De igual modo, es Cielo para los ángeles, aun cuando ellos también saben lo que está sucediendo en la Tierra. De hecho, los ángeles en el Cielo ven el tormento del infierno, pero no quita su gozo en la presencia de Dios (Apocalipsis 14:10). Abraham y Lázaro vieron las agonías del hombre rico en el infierno, pero eso no causó que el paraíso dejara de ser paraíso (Lucas 16:23-26). No estoy sugiriendo que se pueda ver el Infierno, pero estos pasajes en verdad prueban que nada de lo que el pueblo de Dios pueda ver en la Tierra puede arruinar el Cielo para ellos.

La felicidad en el Cielo no se basa en la ignorancia, sino en la perspectiva.

Debemos sentirnos animados porque nuestros seres queridos que están en Cristo no están en un estado de ignorancia, sino que están muy interesados en el Reino de Dios en la Tierra. Es probable que nos animen en nuestro servicio al Rey. En Hebreos 12:1 se nos dice que "estamos rodeados de una multitud tan grande de testigos", creando la figura mental de la multitud reunida en un estadio para observar a los atletas en los campos (aunque podría simplemente referirse sólo a los ejemplos de los santos que debemos imitar).

La partida de nuestros seres queridos

creyentes no es el final de nuestra relación con ellos, sólo una interrupción. No los hemos perdido, porque sabemos dónde están. Están experimentando el gozo de la presencia de Cristo en un lugar tan maravilloso que Cristo lo llamó Paraíso. Y se nos ha dicho que un día nos reuniremos en una magnífica reunión:

"y así estaremos siempre con el Señor. Por tanto, alentaos los unos a los otros con estas palabras" (1 Tesalonicenses 4:17-18, Reina Valera, revisión 1960).

¿Nos Reuniremos y Reconoceremos a Nuestros Seres Queridos en el Cielo?

Estar con Cristo será el más grande gozo del Cielo. El otro gran gozo inmediato será reunirnos con nuestros seres queridos que han muerto. La certeza de esta reunión es tan dulce que hace que podamos soportar la separación.

Las Escrituras no dan indicación alguna de que haya una erradicación de nuestros recuerdos que cause que no reconozcamos a nuestra familia y amigos. De hecho, si no reconociéramos a nuestros seres queridos, el "consuelo" de una reunión en la vida venidera, que se enseña en 1 Tesalonicenses 4:14-18, no sería consuelo en absoluto.

J. C. Ryle dijo de este pasaje: "No habría motivo alguno para estas palabras de consuelo si no implicaran el reconocimiento mutuo de los santos. La esperanza con la que él alienta a los cristianos extenuados es la esperanza de encontrarse con sus amados amigos de nuevo. . . . Pero en el instante en que nosotros los que somos salvos nos encontremos con muchos de nuestros amigos en el cielo, los reconoceremos de inmediato, y de inmediato ellos nos reconocerán a nosotros".[3]

En la Transfiguración, los tres discípulos reconocieron a Moisés y Elías, aún cuando no les habían dicho quiénes eran y no hubieran podido saber cómo se veían esos dos hombres (Mateo 17:1-4). Esto puede sugerir que en forma instantánea reconoceremos a personas de las que *sabemos,* pero que no hemos conocido previamente. Si podemos reconocer a los que nunca hemos visto antes, ¡seguramente reconoceremos a las personas que *hemos* conocido!

---

3 J. C. Ryle, *Heaven [El Cielo]* (Ross-shire, Great Britain: Christian Focus Publications, 2000), 35.

¿Habrá Matrimonio y Familia en el Cielo?

Jesús dijo que las personas resucitadas no se casarán (Mateo 22:30). Sin embargo, la Biblia deja claro que *habrá* matrimonio en el Cielo. Habrá *un* matrimonio, entre Cristo y su esposa.

Anhelamos un matrimonio perfecto. Eso es exactamente lo que tendremos—un matrimonio perfecto con Cristo.

Mi esposa Nanci es mi mejor amiga y mi hermana en Cristo más cercana. Acaso le diré cuando la vea en el Cielo "¿Eras tú mi esposa? ¿Tuvimos hijos? ¿Piensas que ellos me recordarán?" La idea de que no recordaremos nuestras relaciones terrenales es absurda. Sugiere que nuestra vida diaria terrenal y las relaciones no tienen consecuencias eternas, mientras que la Biblia nos enseña lo contrario.

Jesús dijo que la institución del matrimonio humano terminaría, habiendo cumplido su propósito de anticipar y reflejar el matrimonio de Cristo y su esposa (Efesios 5:23-32). Pero nunca dijo o implicó que las relaciones profundas construidas entre las personas casadas terminarían: De hecho, Nanci y yo nos regocijamos que ambos seremos parte del matrimonio perfecto con Cristo. Dios es nuestro padre, nosotros somos sus hijos, y somos hermanos y hermanas de los otros. Somos la esposa de Cristo y Él es nuestro esposo.

Por lo tanto, *tendremos* matrimonio y familia en el cielo. Los que están más cerca de nosotros en la Tierra—incluyendo en muchos casos nuestra familia terrenal— naturalmente serán las relaciones principales con las que comenzaremos en el Cielo. (Llevaremos al Cielo nuestros recuerdos que son los que nos conectan con las personas.) A partir de ello nos extenderemos, desarrollando nuevas amistades sin perder jamás las antiguas.

El Cielo es el lugar en que estará nuestra familia y nuestros mejores amigos estarán—inlcuyendo muchos a los que todavía no conocemos. Nuestra relación con nuestros seres queridos será mejor que nunca. El Cielo es un lugar de ganancia, no de pérdida. (De hecho, ¡podría ser que usted todavía no ha conocido al mejor amigo que tendrá jamás!)

¿Cómo Podemos Tener la Seguridad de que Iremos al Cielo?

Las encuestas indican que por cada norteamericano que cree que va a ir al infierno, hay 120 que creen que van a ir al Cielo. [4] Este optimismo se destaca en contraste total a las palabras de Cristo en Mateo 7:13-14: "Entren por la puerta estrecha. Porque es ancha la puerta y espacioso el camino que conduce a la destrucción, y muchos entran por ella. Pero estrecha es la puerta y angosto el camino que conduce a la vida, y son pocos los que la encuentran".

Así que el Cielo *no* es nuestro destino automático. Nadie va a allí automáticamente. A menos que nuestro problema del pecado sea resuelto, hay un solo lugar al que iremos

---

4 K. Connie Kang, "Next Stop, the Pearly Gates . . . or Hell?" ["Próxima Parada, ¿las Puertas de Perlas . . . o el Infierno?"] *Los Angeles Times* (Octubre 24, 2003).

como nuestro destino automático . . .
el infierno.

En la Biblia, Jesús dice más que nadie sobre el infierno (Mateo 10:28; 13:40-42; Marcos 9:43-44). Se refiere al infierno como un lugar y lo describe en términos gráficos, incluyendo fuegos ardientes y el gusano que no muere. Cristo dice que "a los súbditos del reino se les echará afuera, a la oscuridad, donde habrá llanto y rechinar de dientes" (Mateo 8:12).

¿Es posible saber de cierto que iremos al Cielo? El apóstol Juan dijo: "Les escribo estas cosas a ustedes que creen en el nombre del Hijo de Dios, *para que sepan que tienen vida eterna*" (1 Juan 5:13, incluido el énfasis). *Podemos* saber con seguridad que iremos al cielo cuando muramos.

¿Tiene usted esa seguridad? Si no la tiene, por favor lea cuidadosamente las últimas páginas de este folleto. Puede ser lo más importante que leerá jamás. (¿Qué podría ser más importante para usted que considerar si irá al Cielo o al infierno?)

Pecar es estar destituidos de las normas santas de Dios. El pecado fue lo que hizo que se terminara el paraíso del Edén. Y todos nosotros, al igual que Adán y Eva, somos pecadores. *Usted* es pecador. "Todos han pecado y están privados de la Gloria de Dios" (Romanos 3:23). El pecado nos separa de una relación con Dios (Isaías 59:2). Hay una gran brecha entre nosotros y Dios y nada hay que podamos hacer para atravesarla. El pecado nos engaña y nos hace pensar que lo malo es bueno y que lo bueno es malo (Proverbios 14:12). Nos hace imaginar que estamos bien cuando no lo estamos.

El pecado tiene consecuencias, pero Dios ha provisto una solución para nuestro pecado: "Porque la paga del pecado es muerte, mientras que la dádiva de Dios es vida eterna en Cristo Jesús, Señor nuestro" (Romanos 6:23). Jesucristo, el Hijo de Dios, nos amó tanto que se hizo hombre para librarnos de nuestros pecados (Juan 3:16). Él vino para identificarse con nosotros en nuestra humanidad y nuestra debilidad, pero lo hizo sin ser manchado por nuestro pecado, nuestro engaño de nosotros mismos, y nuestras fallas morales (Hebreos 2:17-18; 4:15-16).

Cristo murió en la cruz como el único justo que podía pagar la penalidad por nuestros pecados que demandaba la santidad de Dios (2 Corintios 5:21). En la cruz Él asumió el infierno que merecemos para ganar para nosotros el Cielo que no merecemos.

Jesucristo se levantó de la tumba venciendo al pecado y conquistando la muerte (1 Corintios 15:3-4, 54-57).

Cuando Cristo murió en la cruz por nosotros, dijo: "Consumado es" (Juan 19:30, Reina Valera, revisión 1960). La palabra griega que se tradujo "consumado" se escribía comúnmente sobre los certificados de deuda cuando eran cancelados. Quería decir "pagado por completo". Cristo murió para que el certificado de deuda, que consiste de todos nuestros pecados, pudiera ser marcado de una vez por todas, "pagado por completo".

Sólo cuando Cristo se hace cargo de nuestros pecados podemos entrar al Cielo. No podemos pagar nuestra propia entrada. Jesús dijo: "Nadie llega al Padre sino por mí" (Juan 14:6). "En ningún otro hay salvación [sino Jesús], porque no hay bajo el cielo otro nombre dado a los hombres mediante el cual podamos ser salvos" (Hechos 4:12).

La muerte de Cristo en la cruz, y su resurrección, es el puente que cruza el abismo que nos separa de Dios. Debido a la expiación de nuestros pecados por Cristo, Dios nos ofrece libremente el perdón: "No nos trata conforme a nuestros pecados ni nos paga según nuestras maldades. Tan grande es su amor por los que le temen como alto es el cielo sobre la tierra. Tan lejos de nosotros echó nuestras transgresiones como lejos del oriente está el occidente" (Salmo 103:10-12).

Para ser perdonados debemos reconocer y arrepentirnos de nuestros pecados. "Si confesamos nuestros pecados, Dios, que es fiel y justo, nos los perdonará y nos limpiará de toda maldad" (1 Juan 1:9).

Cristo les ofrece a todas las personas el don del perdón, la salvación y la vida eterna: "El que tenga sed, venga; y el que quiera, tome gratuitamente del agua de la vida" (Apocalipsis 22:17).

No hay ninguna obra de justicia que nosotros podamos hacer que nos obtenga un lugar en el Cielo (Tito 3:5). Venimos a Cristo con las manos vacías. No podemos tomar ningún reconocimiento por la salvación: "Porque por gracia ustedes han sido salvados mediante la fe; esto no procede de ustedes, sino que es el regalo de Dios, no por obras, para que nadie se jacte" (Efesios 2:8-9). Este regalo no puede ser ganado o logrado. No depende de nuestro mérito o esfuerzos, sino solamente en el generoso sacrificio de Cristo por nosotros.

Ahora es el momento para arreglar las cosas con Dios. Confiese sus pecados y acepte el sacrificio que Jesucristo hizo en su nombre.

Usted ha sido creado para una persona y un lugar. Jesús es la persona y el Cielo es el lugar. Los dos forman un paquete—vienen juntos. No puede llegar al Cielo sin Jesús, o a Jesús sin el Cielo.

"Busquen al Señor mientras se deje encontrar, llámenlo mientras esté cercano" (Isaías 55:6). Si usted acude a Cristo para que lo salve, tendrá toda la eternidad, en el Nuevo Cielo y en la Nueva Tierra, para estar gozoso de que lo hizo.

¡Y yo estaré deseando verle a usted allí!

Si usted desea obtener una copia
del libro de 480 páginas, *El Cielo* de
Randy Alcorn, que explora en detalle
lo que dice la Biblia respecto al Cielo
y la Nueva Tierra, visite su librería
más cercana o los sitios Web:
www.epm.org y www.elcielollega.com.
Puede leer el primer capitulo en
www.tyndaleespanol.com.

Si no existe cerca de su hogar una
iglesia centrada en Cristo que enseñe
la Biblia y necesita ayuda para encontrar
una, puede ponerse en contacto con el
ministerio del autor en: info@epm.org,
o visitar www.elcielollega.com
Si podemos hacerle algunas
sugerencias lo haremos.

EL CIELO
llega a...
a su ciudad
¿Vas a ir al Cielo?
www.elcielollega.com

DISPONIBLE EN SU LIBRERÍA FAVORITA

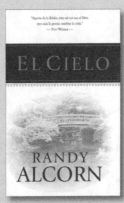

También disponible en inglés
HEAVEN

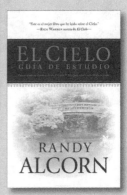

También disponible en inglés
HEAVEN Study Guide